Cet ouvrage a été publié avec l'aide financière de la commission Littérature du Conseil danois des Arts

STATENS KUNSTRÅD
DANISH ARTS COUNCIL

Pour l'édition originale, publiée en 2004 par Dansklærerforeningen
sous le titre *Hvis der var krig i Norden*

Avec l'aimable autorisation de Carl Hanser Verlag, Munich

Pour l'édition française :

Dépôt légal : novembre 2015 / ISBN : 978-2-36193-436-1 / N° d'édition : 338355
Impression n° 3/Loi n° 49-956 du 16 juillet 1949 sur les publications destinées à la jeunesse
Éditions des Grandes Personnes 63, boulevard de Ménilmontant 75011 Paris
www.editionsdesgrandespersonnes.com
Conception graphique : 2 œufs bacon p'tites patates
Imprimé en Europe

JANNE<TELLER<<<<<LES<GRANDES<PERSONNES<<<<<<<<<<<<<<<<<<<<<<
GUERRE<<<ET<SI<ÇA<NOUS<ARRIVAIT<?<<<<<<<<<<<<<<<<<<<<<<<<<<

JANNE TELLER

GUERRE

ET SI ÇA NOUS ARRIVAIT ?

Traduit du danois par Laurence W. Ø. Larsen
Illustrations de Jean-François Martin

(Les Grandes Personnes)

Et si, aujourd'hui, il y avait la guerre en France... Où irais-tu ?
Si les bombes avaient détruit la plus grande partie du pays, la plus grande partie de la ville ? Si les murs de l'appartement que tu habites avec ta famille étaient percés de trous, les vitres brisées, le balcon arraché ?

L'hiver arrive, il n'y a pas de chauffage, il pleut à l'intérieur. Seule la cuisine est encore habitable. Ta mère a une bronchite, elle couve une nouvelle pneumonie. Contre la volonté de tes parents, ton frère a rejoint la milice. Récemment, il a perdu trois doigts de la main gauche dans l'explosion d'une mine. Des éclats de grenade ont blessé ta jeune sœur à la tête. Elle est hospitalisée dans un établissement dénué d'équipement. Une bombe tombée sur leur maison de retraite a tué tes grands-parents paternels.

Toi, tu es toujours entier, mais tu as sans cesse la peur au ventre. Matin, midi, soir, et la nuit aussi. Tu sursautes chaque fois qu'au loin tu entends des tirs de roquettes partir en sifflant, chaque fois que tu aperçois un éclair à l'horizon. Et si le projectile allait t'atteindre ? Chaque explosion te terrifie. Combien de tes camarades ont encore été touchés ?

Les canalisations ont sauté depuis longtemps. Tous les jours, un seau dans chaque main, ton frère et toi devez parcourir les rues et traverser la place de l'hôtel de ville jusqu'au camion d'approvisionnement en eau. Il faut courir très vite en passant sur la place. Des francs-tireurs sont embusqués dans les immeubles qui l'entourent. Des Anglais et des Scandinaves qui ont vécu suffisamment longtemps en France pour être pris pour des Français. Pas assez cependant pour se sentir des nôtres quand la guerre fait rage et que la définition des mots « ami » et « ennemi » se limite à une nationalité.

Pire encore que la peur, la faim. Et pire que tout, le froid. Tu grelottes en permanence,

alors qu'on est seulement au mois de novembre. Tu ne sais pas comment vous allez pouvoir survivre à l'hiver. Le médecin dit que ta mère n'en supportera pas un de plus dans une cuisine sans chauffage. Il ne peut cependant pas vous aider à trouver un meilleur logement. Tant d'autres ne supporteront pas un hiver de plus sans chauffage.

Ton meilleur ami a disparu. Son père était député. Il n'y a pas de place pour les parlementaires dans ce nouveau monde. *La démocratie a engendré l'Union européenne, et l'Union européenne a été un échec.* Voilà ce qu'ils disent. Personne n'a le droit d'être démocrate dans ce nouveau monde.
Le père de ton ami avait pourtant réussi à

quitter le pays à temps. Sa famille devait le rejoindre. Ça ne s'est pas fait. Trois jours après son départ, la toute nouvelle Police de Redressement est venue chercher ton ami et son jeune frère. Seul ce dernier a réapparu huit jours plus tard, un œil en moins et la tête agitée de mouvements bizarres. Depuis, il reste assis dans un coin et se balance sans arrêt en répétant : « Non, je ne sais rien, je ne sais rien. » La mère, elle, erre dans les rues en mendiant de la nourriture et en cherchant son fils aîné. La rumeur dit pourtant qu'il est mort. Elle ne peut pas partir tant que l'un de ses enfants manque. Elle ne peut pas partir tout court de toute façon : le pays qui a accueilli le père ne pratique pas le regroupement familial. Sa femme n'étant pas

personnellement victime de persécutions, elle ne peut obtenir l'asile.

Et vous, où irez-vous ? Tu as cessé de questionner ton père.
Quoi qu'il en soit, il n'existe pas de réponse à cette question. Votre famille, maintenant, se résume à un chiffre : cinq. Aucun pays n'est prêt à accueillir cinq réfugiés de plus. Des réfugiés qui, comme le disent les honnêtes gens, ne parlent pas la langue, ne savent pas se conduire en société – ils ne savent ni respecter leur voisin, ni recevoir un hôte, ni veiller sur la vertu des femmes. Des réfugiés qui ne savent pas vivre avec la chaleur. Non, pas un pays ne veut de ces décadents venus de l'autre rive de la Méditerranée. De ces libres penseurs qui ne feront que pervertir

les mœurs des bons croyants. Ces hommes-là ne peuvent pas non plus travailler. Ils ne parlent pas l'arabe et ne sont pas habitués à trimer. Les réfugiés européens ne savent rien faire d'autre qu'être assis à un bureau et brasser du papier. Personne n'a besoin de ça. Voilà ce qu'on dit dans le monde arabe, le monde le plus proche qui soit encore en paix et qui offre une possibilité d'avenir. Mais alors, où aller ?

5

Juste avant le Nouvel An, ton père parvient cependant à prendre contact avec des passeurs qui organisent des traversées clandestines vers le Moyen-Orient. C'est dangereux, très coûteux, mais ton père est résolu. C'est devenu nécessaire pour sauver la famille. Ta mère est en train de devenir folle d'angoisse.
Vous êtes obligés de vendre le peu qu'il vous reste. Ça ne rapporte pas grand-chose. Les gens n'ont rien pour payer. Vous rassemblez tout juste assez pour le voyage et les faux papiers. Ce sont les cartes du Parti qui coûtent le plus cher. Elles attesteront que ton père et toi avez été politiquement actifs, et vous permettront d'obtenir le droit d'asile. Après quoi, une fois en sécurité, ce sera à vous de vous remuer.

Tu es prêt à faire n'importe quoi. Balayer les rues, nettoyer les toilettes. Tu veux juste échapper aux bombes, à la peur, au froid. Ta grand-mère maternelle est morte, elle aussi, ton frère a décidé de rester. Ta mère a peut-être encore une chance.

Bien sûr, vous pourriez franchir les Pyrénées en direction de l'Espagne et atteindre le Portugal, mais tout est détruit là-bas aussi. Les gens n'ont plus rien, il n'y a pas de travail, et des millions de réfugiés s'entassent déjà dans des camps misérables sans pouvoir être scolarisés, soignés, sans pouvoir trouver un emploi. Ton père, lui, croit toujours à un avenir pour sa famille. Il pense que la guerre durera longtemps, mais qu'un jour vous rentrerez. C'est pour ça qu'il

tient à ce que vous receviez une éducation, qui vous fera vivre une fois de retour chez vous.

Vous misez tout sur cette évasion. Tu ne sais pas si tu reverras un jour ton frère, tes oncles, tes tantes, tes amis, ta maison. Tu serres les dents, tu ne veux pas y penser. Quand, vers minuit, vous vous pressez pour monter dans le train, vous n'emportez rien d'autre que ce qui tient dans les petits sacs à dos que les passeurs vous ont autorisés à prendre. Quelques vêtements de rechange et un objet, un seul, auquel vous tenez particulièrement.
Toi, tu as pris ton journal. Il te rappellera la vie d'avant la guerre : quand les Français formaient un peuple qui avait le droit

d'avoir des opinions différentes sur tout. Quand tu allais à une soirée électro suédoise le vendredi, voir un film d'horreur espagnol le samedi, et faisais du roller – made in Germany, ceux-là –, avant de finir ton week-end par un double cheese et un coca au MacDo du coin. Tu sortais ton Nokia de ta poche, comparais son poids avec celui des Samsung, LG ou Sony Ericsson des copains. Avec insouciance, tu racontais des blagues sur les *rosbifs* à tes

camarades de classe, eux-mêmes anglais. Tout ça est si loin qu'il te semble que ça n'a jamais existé, et pourtant, c'était il y a à peine trois ans.

C'est ce dont tu voudrais te souvenir. Que ta vie n'a pas toujours été un combat pour être français. Complètement, totalement français. En ton for intérieur et vis-à-vis des autres. Que la France n'a pas toujours été le froid, l'angoisse, la méfiance et la haine. Que la France n'a pas toujours eu un dictateur, une Police de Redressement. Ni cette obsession nationale de devoir veiller sur l'Europe puisque les autres pays européens en sont incapables, et que tout ira mieux quand ils se seront soumis à sa suprématie. Tu voudrais te souvenir que les Anglais et les Scandinaves n'ont pas toujours tiré sur

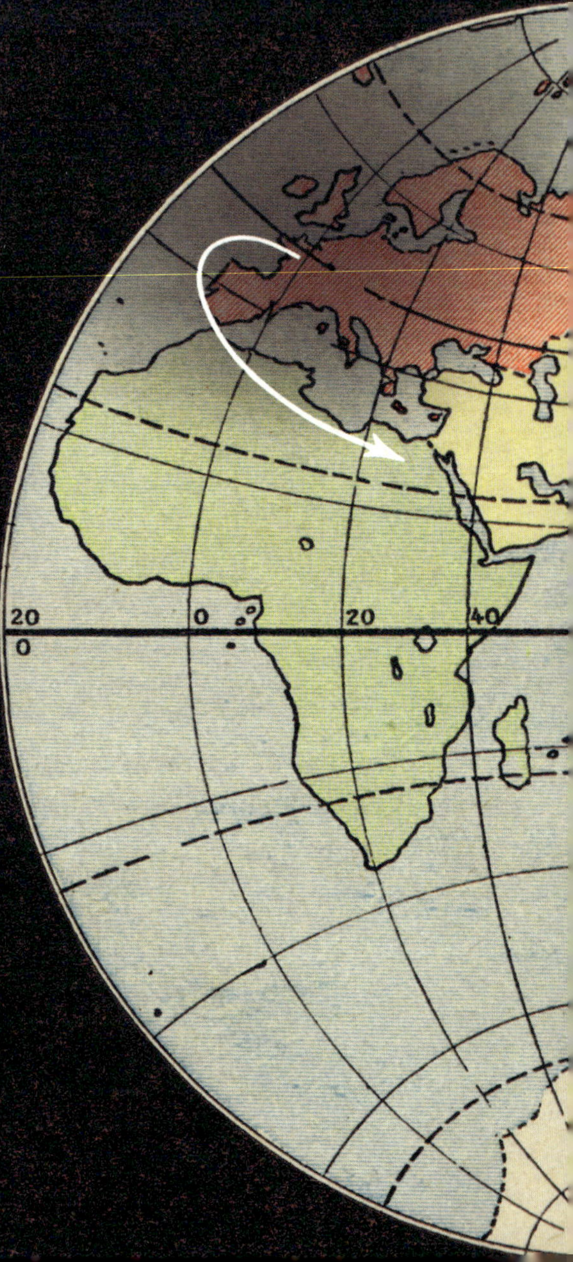
20
0
0
20
40

toi et les tiens, qu'une autre vie existe. Si tu l'oublies, alors c'est comme si plus rien n'avait de sens. Tu pourrais aussi bien t'engager dans la Police de Redressement ou suivre ton frère dans la milice ; traverser la Manche, abattre des Anglais jusqu'à ce qu'on t'abatte à ton tour.

Une autre vie existe. Et c'est ce que ton père veut t'offrir maintenant.

Six semaines plus tard, tu es en Égypte.

Vous vivez dans un camp, abrités sous des tentes. Tu n'as plus froid, tu ne crains plus ni les bombardements, ni les roquettes, ni la Police de Redressement qui pouvait perquisitionner chez toi sans prévenir, de jour comme de nuit. Ta mère est à nouveau elle-même, elle s'est remise de ses pneumonies. Ta sœur a été opérée, on lui a retiré les éclats de grenade qu'elle avait dans le crâne, la faim ne te tenaille plus. La demande d'asile de votre famille est en cours d'examen ; vous ne pouvez pas quitter le camp avant d'avoir été officiellement reconnus comme réfugiés et d'avoir obtenu un permis de séjour temporaire. Ça ne fait rien. Tu es heureux. Même si vos conditions de vie sont mauvaises, c'est provisoire. Six mois au plus. Bien sûr que vous êtes de vrais réfugiés ! Quoi d'autre ?

L'examen de votre demande d'asile traîne en longueur. Surtout parce que ton frère est devenu officier dans la milice. Ils ont un doute, à propos de ton père et de toi. Tu as quatorze ans, un homme pour ainsi dire. Votre pays a beau être en guerre, vous ne deviez pas être si mal lotis que ça si vous avez pu fuir. L'aide serait peut-être plus utile à tous ceux qui restent encore en France. Il y en a tant !

Tu n'en peux plus de vivre dans ce camp. Il n'y a rien à faire. Pas même un cours de langue : aucune possibilité d'apprendre l'arabe avant d'avoir obtenu un permis de séjour. Tu ne vas pas en classe, tu n'as pas le droit de travailler (tu ne pourrais pas d'ailleurs, tu ne parles pas la langue) et tu connais presque par cœur les quelques livres mis à ta disposition. Il y a bien un petit terrain de jeu, du sable et des graviers avec une cage de football à un bout. Le problème n'est pas tant sa taille, parce que, comme ils disent, vous pouvez vous estimer heureux d'avoir au moins un espace de liberté. Comme si vous pouviez jouer au ballon sous le déluge de bombes qui s'abattait chez vous ! Non, le problème, c'est que vous êtes si nombreux ! Si tout le monde veut jouer, chacun ne dispose que de très peu de temps. Ce sont donc presque toujours les plus costauds qui occupent le terrain.

Et puis, il y a autre chose. Quelque chose qui bout en toi. Et ce quelque chose c'est Thorkild, Hans et leur bande, dans la zone scandinave du camp. Ceux-là n'arrêtent pas de vous agonir d'injures, toi et tes nouveaux camarades. Les autorités égyptiennes disent que vous devez faire abstraction de votre hostilité dans leur pays,

وصول
القاهرة ARRIVAL
EGYPT
EGYPTEGYPTEGYPTEGYPT
CAIRO

أجنبي

et, en principe, les réfugiés français sont tenus à l'écart des scandinaves. En réalité, cela ne s'applique que dans le placement des tentes. Chaque fois que tu vas chercher de l'eau et de la nourriture, que tu te rends à la bibliothèque ou au terrain de jeu, tu passes en zone scandinave. Et chaque fois tu penses : « C'est eux qui ont détruit nos maisons, eux qui ont tué mes grands-parents. » Et ces pensées te viennent malgré ce que t'a dit ton père. Qu'il ne faut jamais oublier que c'est votre dictateur et son idée d'une Europe française qui ont déclenché la guerre. Tu n'es pas certain qu'il ait raison. Il fallait bien que quelqu'un défende une certaine culture européenne, la civilisation, le savoir-vivre. Sans quoi, qui sait ce qui aurait pu arriver ? Il suffit de

regarder Thorkild, Hans et leur bande, qui crachent quand ils te voient, crient « *Fy for fanden* » et te lancent de temps en temps des pierres. Qu'est-ce que tu leur as fait, après tout ? Comme s'ils étaient des réfugiés plus légitimes que toi et les tiens !
Ce n'est pas l'envie qui te manque de leur répondre, mais ton père t'a dit et redit que tu devais te l'interdire. Que si tu créais des problèmes dans le camp, toute la famille serait immédiatement renvoyée en France. Tu te tiens donc tranquille, mais au-dedans tu bous et jures qu'un jour tu te vengeras.

Deux ans plus tard, vous avez enfin obtenu l'asile. Temporairement, mais c'est déjà bien. Ça a pris un peu plus de temps que prévu à cause de l'histoire de ton frère.

FY FOR
FANDEN

Vous pouvez tout de même vous estimer heureux. Nombreux sont ceux qui ont été renvoyés chez eux. L'Égypte n'a plus de place pour accueillir d'autres réfugiés. Les logements, l'eau, l'argent manquent. Tu devrais te sentir profondément reconnaissant. Ta famille a survécu et vous pouvez désormais rester jusqu'à la fin de la guerre. Pourtant, la colère gronde en toi. C'est comme si quelqu'un t'avait volé deux ans de ta vie. Pendant tout ce temps, tu n'es pas allé à l'école et tu as tout juste appris assez d'arabe pour pouvoir faire les courses au marché.

Suite à une nouvelle politique d'émigration prônant l'éparpillement des réfugiés, vous êtes déplacés à Assouan, dans le sud de l'Égypte. Une seule des familles que vous connaissiez vous y accompagne. Encore une fois, il faut repartir à zéro.

La vie est dure. Rien n'est comme avant. Il n'y a pas de travail, et surtout pas quand on est étranger et qu'on ne parle pas la langue. Souvent, des gens s'énervent après toi dans la rue. Au marché, on te vend les moins beaux légumes ; au café, tu attends plus longtemps que les autres. Tu as les cheveux bruns et la peau mate, mais tu ne peux pas dissimuler tes yeux bleus.

Ta mère se met à confectionner des pâtisseries que ton père et toi vendez dans la rue. Ta petite sœur fait le ménage chez une famille bourgeoise qui en échange paye sa scolarité. L'éducation, c'est trop tard pour toi. Tu as seize ans. En France, tu serais allé au lycée. Ici, peut-être au collège, mais vous n'en avez pas les moyens. Ça devra attendre.

Tu t'habitues à vendre des pâtisseries. Tu t'habitues à la pauvreté. Et tu t'habitues à la chaleur extrême. Tu ne t'habitues jamais en revanche à être considéré comme un citoyen de troisième zone. En France, ton père était professeur d'histoire, ta mère cadre au ministère de l'Environnement. Vous aviez un bel appartement, deux voitures, une maison de campagne. Maintenant, vous n'avez rien. Vous n'êtes rien. Seulement des étrangers indésirables qui vendent des gâteaux, autant de ventes perdues pour les pâtissiers égyptiens.

Chaque jour, tu jures que tu retourneras à Paris et reprendras ta vie d'avant. Ta vraie vie. Tu redeviendras une personne à part entière, et là, ils verront !
Seulement voilà, la guerre n'en finit pas. Elle continue ; encore un, deux, puis trois ans. Tu apprends la mort de ton frère au cours de la deuxième année. Ça te touche si

5

peu que c'en est inquiétant. C'est tellement loin chez toi, que c'est presque comme si ça n'existait pas.

Quand enfin la guerre se termine, la France n'est plus le même pays. C'est ce que disent ceux qui y sont retournés, en cachette. Car si les autorités égyptiennes apprennent que l'un ou l'autre s'est rendu en Europe, il est rapidement expulsé. En effet, si l'on peut passer ne serait-ce qu'un jour dans le pays qu'on a fui, alors c'est que le danger a disparu et qu'on peut tout aussi bien rentrer. Oubliées les maisons détruites, l'économie ruinée, les risques de devoir se réinstaller officiellement dans un pays qui n'est plus qu'un état fédéral dans une Europe devenue autocratique. Et sous domination scandinave. Même chez toi, tu serais un citoyen de troisième zone !

« D'une certaine façon, c'est presque pire que la guerre. » C'est ce que t'écrit une ancienne camarade de classe, Carine. Régulièrement, des gens disparaissent. Avant, on pouvait au moins être sûr que c'était parce qu'ils n'étaient pas assez français. Maintenant, on n'est plus sûr de rien.

Ils disparaissent, tout simplement. C'est ce qui est arrivé au grand frère de Carine. Et à son père aussi, peu après. Puis le frère est réapparu. Pas le père. Sa mère voudrait maintenant partir avec elle et son frère. Mais où ?

L'Égypte n'accueille plus de réfugiés venus d'Europe. La paix est rétablie, disent-ils, et nous ne pouvons plus recevoir qui que ce soit. Et puis, tout de même, les Européens sont des païens impudiques qui corrompent les sociétés dans lesquelles ils s'insèrent. Ils se croient les égaux de tout un chacun, n'ont pas de discipline. Leurs femmes surtout sont d'un mal élevé, provoquant partout le scandale, et ce malgré l'enseignement qu'elles reçoivent quant à la conduite à adopter et aux usages du pays d'accueil.

Tu vis en Égypte depuis cinq ans maintenant. Tu t'y es fait des amis. Ou en tout cas des camarades. Pour la plupart des émigrés, comme toi, mais aussi quelques Égyptiens. Tu parles arabe désormais. Comme un gosse des rues bien sûr, mais c'est assez pour se débrouiller. Tu fais aussi l'interprète pour tes parents qui, eux, ont toujours eu du mal avec la nouveauté.

Ta petite sœur, qui au début s'en sortait très bien à l'école de filles, a été renvoyée au bout de dix-huit mois au motif d'une incitation à la rébellion et à un comportement amoral. Elle réclamait l'étude d'auteurs féministes. Elle s'est cherchée pendant un temps, puis elle est tombée amoureuse d'un Égyptien de trente-sept ans, s'est convertie à l'islam, s'est mise à porter le voile et à prier cinq fois par jour. Tes parents ont essayé de la ramener à la raison. Ils s'inquiètent pour elle, mais elle ne veut rien entendre. À quoi bon *leur* raison, ici ? Ils devraient s'estimer heureux : elle n'a que seize ans et elle ne peut pas encore faire tout ce qu'elle veut. Ils songent à l'envoyer vivre en France chez une tante pendant quelques mois. Juste pour lui changer les idées. Quand elle part enfin, il est trop tard. Elle est enceinte. Ils refusent pourtant de la laisser revenir à Assouan pour épouser le père de l'enfant. Elle accouchera seule en France. « Elle a toute la vie devant elle », disent-ils.

Au moment de la naissance, tu rentres au pays voir ta sœur. Tu constates par la

même occasion que le temps n'est pas encore venu pour vous de retourner là-bas. Pour les Français restés sur place pendant la guerre, tu es un traître. Pour les nouvelles autorités, pro-scandinaves, tu es sur la liste noire parce que ton frère appartenait à la milice.

Tu te maries avec Carine. Pour les aider, elle et sa famille. Puis, à ton retour en Égypte, tu fais une demande de regroupement familial. Les lois ont été assouplies depuis le départ d'un grand nombre de réfugiés. C'est bon d'avoir Carine auprès de toi. Le fait de se connaître depuis avant la guerre ressemble à s'y méprendre à de l'amour. Tes parents aussi sont contents. Au moins, vous n'aurez pas de problèmes d'ordre culturel tous les deux et, quand la situation se sera améliorée en France, vous pourrez rentrer ensemble.

L'Égyptien de trente-sept ans part pour la France pour convaincre ta sœur de l'épouser. Elle est devenue une espèce de « New Gothic », sniffe des choses bien plus exotiques que de la cocaïne. Ses cheveux sont teints aux couleurs du drapeau suédois, jaune et bleu, et sa lèvre inférieure est percée d'épingles à nourrice. Elle ne veut plus entendre parler de lui. Inquiet pour l'avenir de son fils, l'homme le kidnappe et l'emmène en Égypte. L'enfant y a été conçu dans la perspective d'un futur mariage de ses parents et pour recevoir une éducation conforme à la tradition égyptienne.

Il faut se méfier de ces Français. On ne peut pas leur faire confiance. Sitôt rentrés chez eux, ils changent.

Tu as un enfant toi aussi, avec Carine. Et tu devrais être heureux. Ce n'est pas le cas. Ta vie n'est pas du tout ce qu'elle aurait dû être. Elle t'a été volée pour une autre, une autre vie qui n'est vraie ni ici ni là-bas. Vous n'avez jamais eu assez d'argent pour que tu rattrapes tes années d'études perdues. Tu n'en as d'ailleurs plus envie, gêné par la conscience de ton infériorité par rapport aux étudiants de ton âge. Tu aides toujours ton père à la pâtisserie que ta famille a fini par monter. Carine prépare les gâteaux avec ta mère. Vous êtes loin de rouler sur l'or, mais vous vous en sortez.

أسرة

Vous avez obtenu un permis de séjour permanent dans votre nouveau pays. Vos enfants sont nés avec la nationalité égyptienne. Leur première langue est l'arabe et, bien qu'ils soient chrétiens, ils connaissent mieux le Coran que la Bible. Tu te sens comme chez toi au café d'à côté ; tu es ami avec le cordonnier et le fils du concessionnaire de voitures ; au marché, on te vend les meilleurs produits.
Et pourtant, tu es un étranger. Et pourtant, tu penses sans cesse au jour où tu pourras rentrer chez toi.
Chez toi ? Chez toi où ?

Chez toi

وَطَن

NOTE DE L'AUTEUR

J'ai écrit une première version de *Guerre – Et si ça nous arrivait ?* en 2001, quand le débat sur les réfugiés au Danemark – le pays où je suis née et où à l'époque je vivais – paraissait avant tout oublier que les valeurs philosophiques, et même chrétiennes, le plus souvent évoquées en Europe se résument en ceci : *Tous les êtres humains naissent libres et égaux en droits* et *Agissez envers les autres comme vous voudriez qu'ils agissent envers vous*. Le texte était paru en tant qu'essai « fictionnel » dans une revue destinée aux enseignants danois. En 2004, une maison d'édition danoise avait décidé de le publier sous la forme d'un petit livre-passeport illustré.

Parce que je viens d'une famille de réfugiés et d'immigrés austro-allemands installés au Danemark, l'idée que la vie peut être brusquement bouleversée par des événements extérieurs a toujours été pour moi quelque chose de tangible. Mais pour la plupart des Danois, ce n'est pas le cas. L'éventualité de devenir un jour des réfugiés leur est aussi inconcevable que celle de vivre sur Mars. J'ai donc écrit *Guerre* comme une invitation à se mettre dans la peau d'un réfugié. Pas de quelqu'un qui débarquerait au Danemark en provenance d'un pays lointain, mais plutôt dans celle d'un Danois menant une vie tranquille, que viendrait bouleverser une guerre inimaginable (du moins espérons-le) entre les pays nordiques.

Cet essai ayant été conçu comme une invitation à l'imagination, j'ai toujours su qu'en cas de traduction, il devrait être adapté à la particularité du pays concerné, à son histoire et à sa situation géopolitique. Ce texte n'est cependant aucunement destiné à réviser ou à reproduire des conflits ou des hostilités passés, et je me suis donc interdit de reprendre des événements avérés, manifestes, préférant inventer un scénario crédible mais néanmoins clairement fictif. En ce qui concerne la France, j'ai fait le choix d'un régime autocratique nationaliste à l'idéologie impérialiste, qui chercherait à prendre le contrôle d'une Union européenne en train de s'effondrer – du point de vue de ce régime en raison de l'insouciance, du mépris de l'histoire et, plus généralement, de la culture de la part des autres membres. La France se retrouve aux prises avec les barbares primitifs scandinaves et anglo-saxons. J'ai donc également saisi ici l'occasion de faire écho à une Scandinavie qui n'est plus aujourd'hui un havre de tolérance, d'humanisme et de progressisme comme on a tendance à le croire. Je ne m'en serais pas doutée alors mais, avec le printemps arabe de 2011, le Moyen-Orient en paix, démocratique et prospère que je décrivais dans la version originale du texte, paraît soudain beaucoup moins utopique.

Le nombre de personnes obligées de fuir leur pays natal à cause de catastrophes humaines ou naturelles, de menaces visant leur sécurité physique et psychologique ou celle de leur famille, ou à cause de disparités et d'un manque certain de perspectives économiques grandit sans cesse. La recherche pressante de conditions de vie supportables débouche sur la rencontre avec d'autres cultures, et pose la question de la capacité et plus encore de la volonté des individus, des groupes et des nations d'entrer en relation les uns avec les autres. Elle interroge la définition que chacun a de soi, autant pour ceux qui *arrivent en tant qu'étrangers* que pour ceux qui *accueillent les étrangers.*

J'aurais espéré que le temps passant cet essai serait devenu obsolète, de bien des façons. Les choses étant ce qu'elles sont, ça ne s'est pas produit. C'est même plutôt le contraire. De plus en plus, quand je suis invitée au Danemark ou ailleurs pour parler de *Guerre*, j'entends certains accuser ce texte d'être « politique ». Tout d'abord, je n'ai jamais compris ce qu'il pouvait y avoir de mal à être « politique » dans un monde politique. Plus important encore, n'y a-t-il pas quelque chose d'anormal, quelque chose de terriblement, de dangereusement anormal dans le fait que la recherche d'une compréhension de l'autre, à partir d'un sentiment d'empathie face à sa situation, soit perçue comme un signe de politisation ? N'avons-nous pas déjà dépassé les limites de notre propre humanité ?

J'exprime donc l'espoir que ce ne soit

pas le cas. J'espère que la compréhension mutuelle est ce que nous – ou du moins la plupart d'entre nous – recherchons encore en Europe. J'espère que ce texte sera lu sans préjugé politique, comme l'invitation à l'imagination qu'il est. Une invitation à entrer dans la vie d'un *autre,* à vivre ce qui – il en va de notre responsabilité à tous – ne devrait jamais devenir notre destin personnel. Mais si un jour cela devait se produire, ne serait-ce pas un grand réconfort pour chacun d'entre nous que de partir sur les chemins périlleux menant à un éventuel refuge et vers une vie meilleure, quel qu'en soit le lieu, en sachant que, lorsque nous en avons eu l'occasion, nous-mêmes avons fait ce qu'il fallait pour défendre et diffuser les valeurs de notre civilisation : *Tous les êtres humains naissent libres et égaux en droits* et *Agissez envers les autres comme vous voudriez qu'ils agissent envers vous* ?

Janne Teller

New York, le 31/10/2011

JANNE TELLER

Janne Teller est née à Copenhague en 1964 dans une famille de réfugiés et d'immigrés austro-allemands installés au Danemark. Après des études d'économie, elle travaille pour les Nations Unies et l'Union européenne sur les problèmes induits par les conflits internationaux, avant de se consacrer essentiellement à l'écriture. Elle vit aujourd'hui à New York.

Auteur de fictions et d'essais, Janne Teller confronte régulièrement ses lecteurs à des questions existentielles qui peuvent susciter la polémique. Parmi ses nombreux romans, citons *L'Île d'Odin*, paru chez Actes Sud en 2003, et *Rien,* publié en 2007 aux Éditions du Panama. L'ouvrage, destiné aux adolescents et salué à l'époque par la critique, est devenu depuis un best-seller dans plusieurs pays d'Europe. Les droits des livres de Janne Teller sont maintenant vendus dans dix-huit pays.

JEAN-FRANÇOIS MARTIN

Jean-François Martin est né à Paris en 1967. Formé à l'École Nationale Supérieure des Arts Appliqués et des Métiers d'Arts, il débute sa carrière comme directeur artistique chez Bayard Presse, avant de devenir illustrateur. Depuis, il travaille régulièrement pour les plus grandes maisons d'édition et la presse, en France et à l'étranger. En 2011, il a reçu le BolognaRagazzi Award dans la catégorie Fiction pour son travail sur les *Fables* d'Ésope, parues chez Milan.